Praise for *Ojo en celo / Eye in Heat*

"The phrase 'eye in heat' can have a few different meanings. It can refer to a state of intense sexual desire, but it can also refer to a heightened awareness and excitement. Here, the phrase is used to describe the speaker's state of mind as they try to make sense of the world around them. The speaker is both attracted to and repelled by the world. The poems here capture the poet's intense desire to find meaning in this paradox. This can be a dangerous state, as they are trying to make sense of something both beautiful and terrifying. *Ojo en celo / Eye in Heat* captures the poet's vulnerability and their willingness to take risks in order to find a place in the world."

—Achy Obejas, author of *Boomerang / Bumerán*

"Margarita Pintado's poetry believes in miracles. *Ojo en celo / Eye in Heat* turns us on. Without noticing, we are taken where life unfolds. Even what interrupts the poem becomes the poem. We are lucky to have such an honest voice that knows how to make beauty with the shape pain bestows on us—the best kind of beauty—and that makes such an arduous exercise of testimony, that of restoring faith to the world with the song of a bird, knowing that language is the true place of events."

—Mara Pastor, author of *Deuda Natal*, 2020 Ambroggio Prize winner

"In *Ojo en celo / Eye in Heat*, the poet reminds us that our collective feelings of fear and love and joy and heartbreak unite us. We are in this together, sometimes weak, sometimes strong, sometimes lost, sometimes found, always longing: 'The sublime wanders among us / with the same rigor as misfortune.' Margarita Pintado Burgos's poetry in this latest bilingual collection is brilliant, and the translations from Spanish to English spot on. *Ojo en celo* is a must-read for all who go searching and for all who've lost and loved."

—Michael Klam, executive editor of *San Diego Poetry Annual (SDPA)* and Editor-in-Chief of the bilingual edition of SPDA: *Imagine*

"The reader of this book will know the delight of entering the waters of a river and retracing a submerged path. The poetic current might take him down a dangerous way, but the jingle of the words pushes him forward. With her head in the branches and her feet planted in the sand, the poetry of Margarita Pintado is dark and wild. Someone whispers in the river bend, a deer passes between the tree trunks. The image huntress measures him from afar with eyes in heat. The reader is her prey."

—Néstor Díaz de Villegas, author of *De dónde son los gusanos*

"Magical things happen when the observer, that elusive 'flaneur' from modern European literature is a woman poet who looks at and evaluates the everyday reality to produce reflection and knowledge that, transmuted into poetry, gives substance and shape to the melancholic act of observation. *Ojo en celo / Eye in Heat* collects the poetic work of Margarita Pintado from her three previous books and new poems, where observations and reflections about the daily life are confronted with a series of losses, the sea, migration, and the personal/intimate history informed by the feminist thought. The result is an exploration from within about who we are and how to exist when one happens to live far away as an intellectual woman. This is a moving collection that works internally and externally, in dialogue with the experiences of every migrant and every woman who observes and evaluates the world."
—Mayra Santos Febres, author of *Antes que llegue la luz* and 2009 Guggenheim Fellow

"*Ojo en celo / Eye in Heat* condenses, in a single body, the diversity of rhythmic motifs that give meaning to today's poetry. A resounding convergence of approaches: plasticity of material forms and their space in nature, human place and time interacting with the world, which are presented in short verse or prose poem, fusing reflection and thought with the unconscious functioning of the language. A truly remarkable book."
—León Félix Batista, author of *Poema con fines de humo*, 2021 Salomé Ureña de Henríquez Prize Winner

"*Ojo en celo / Eye in Heat* is full of paradoxical tensions. Margarita Pintado's sharp eye is committed to each carefully crafted word and phrase to bring us a poetics of lack and desire. More than just a keen eye, in this book we find a whole sensitive body made of beauties and fragilities."
—Elidio La Torre Lagares, author of *Wonderful Wasteland and Other Natural Disasters*

"Margarita Pintado's poems often startle me, and I adore them for it. On beaches or in Walmart, of strangers or family, Pintado writes with such vivid detail that I find myself thinking of her poems long after I've read them, picturing them as if recalling my own memories. Did I see a contortionist in Arkansas? Did I meet Pintado's handsome father? Her poems make me want to say, 'Yes. Yes.' Her writing has made me fall in love with every person, plant, and place inside this book."
—Katie Manning, author of *Hereverent*

"Margarita Pintado Burgos prances in the everyday to remind us that life is meaningful by itself, no ornaments needed. She opens the door to surprise and brings us what I like to call a poetics of mischievous innocence. Her poems model an ethics of the futile that fights back the hyper-productive and fast-paced times of modernity by finding a place, a standpoint from where we can contemplate, love, and revere beauty. But don't be fool by her *innocence*; here vibrates a high-flying poet who knows how to transform 'still life' into a matter of the sublime in no time, and in such effortless way."

—Azahara Palomeque, author of *RIP (Rest in Plastic)*

"Margarita Pintado's trajectory between her poetic personna (a young girl) and the product of her inscriptions travel through her eyes with which she intensely looks at the world. Her relations with the people she loves and the things surrounding her is a permanent quest after her need to copulate with the white page (her poetics). Uncertainty and the feeling of inhabiting life are the central objects of her vocabulary: 'Sometimes she lies / inside a fresh wound / and gazes blankly.' From this 'invisibility' arises the poem."

—Aurea María Sotomayor, author of *Apalabrarse en la desposesión: Literatura, arte y multitud en el Caribe insular*, 2020 Casa de las Américas International Prize

OJO EN CELO / EYE IN HEAT

Winner of the 2023 Ambroggio Prize of the Academy of American Poets

Selected by Achy Obejas

Sponsored by the Academy of American Poets, the Ambroggio Prize is given annually to the winner of an open competition among American poets whose primary language is Spanish.

OJO EN CELO
EYE IN HEAT

MARGARITA PINTADO BURGOS

TRANSLATED BY ALEJANDRA QUINTANA AROCHO

THE UNIVERSITY OF
ARIZONA PRESS

TUCSON

The University of Arizona Press
www.uapress.arizona.edu

We respectfully acknowledge the University of Arizona is on the land and territories of Indigenous peoples. Today, Arizona is home to twenty-two federally recognized tribes, with Tucson being home to the O'odham and the Yaqui. Committed to diversity and inclusion, the University strives to build sustainable relationships with sovereign Native Nations and Indigenous communities through education offerings, partnerships, and community service.

ISBN-13: 978-0-8165-5329-7 (paperback)
ISBN-13: 978-0-8165-5330-3 (ebook)

Cover design by Leigh McDonald
Cover photo: *Promesa* by Tari Beroszi, 2019
Designed and typeset by Leigh McDonald in Warnock 10.5/14, Telmoss WF and Brother 1816 Printed (display)

Library of Congress Cataloging-in-Publication Data
Names: Pintado, Margarita, 1981– author. | Pintado, Margarita, 1981– Ojo en celo. | Pintado, Margarita, 1981– Ojo en celo. English. | Arocho, Alejandra Quintana, 2000– translator.
Title: Ojo en celo = Eye in heat : poems / Margarita Pintado Burgos ; translated by Alejandra Quintana Arocho.
Other titles: Eye in heat
Description: Tucson : University of Arizona Press, 2024.
Identifiers: LCCN 2023027637 (print) | LCCN 2023027638 (ebook) | ISBN 9780816553297 (paperback) | ISBN 9780816553303 (ebook)
Subjects: LCGFT: Poetry.
Classification: LCC PQ7442.P62 O4613 2024 (print) | LCC PQ7442.P62 (ebook) | DDC 861/.7—dc23/eng/20230718
LC record available at https://lccn.loc.gov/2023027637
LC ebook record available at https://lccn.loc.gov/2023027638

Printed in the United States of America
♾ This paper meets the requirements of ANSI/NISO Z39.48-1992 (Permanence of Paper).

Para mi papá / For my dad (1942–2021)

ÍNDICE / CONTENTS

OJO EN CELO / EYE IN HEAT

NATURALEZA MUERTA

STILL LIFE

OJO EN CELO

Para el ojo en celo
y en brote de sequía

el azul del cielo disgregado
en cada grano de arena

flamea en la retina
que finge y eyacula

sobre la orilla blanca
de una página

el sueño mojado
del poema.

EYE IN HEAT

For the eye in heat
and on the brink of drought

the blue of the scattered sky
in every grain of sand

flames in the retina
that feigns and ejaculates

on the white border
of a page

the poem's
wet dream.

BOSQUEJO DEL LLOVER

El bosque. Decir el bosque. Proponer una música.
Tallar la brisa.
Ver un paisaje. Ver llover. Sin lluvia, pero con llover.
Con ese llover que siempre ocurre cuando lenta, suave,
tan hecha de minúsculos trozos de un aire que no pesa,
me digo que veo llover. Me lo repito, junto a la ventana,
que va a llover. Que voy a ver llover.

Avanzar la idea de la lluvia antes de que. El aguacero siembre
todas sus dudas.

Lloverse sobre el llover. Dejarse llover.

Ver llover. Decir que veo llover.
Hasta que llueva.
Hasta que lluvia.
Hasta que.
Hasta.

RAINING, OUTLINED

The forest. To say the forest. To suggest some music.
To carve the breeze.
To see a landscape. See it raining. Without rain but with raining.
With that raining that I always conjure when slowly, softly,
filled to the brim with tiny traces of an air that's weightless,
I say to myself I'll see it rain. I say it again, beside the window,
that it's going to rain. That I'm going to see it rain.

To put forth the idea of rain before. The downpour plants
all its doubts.

To pour oneself on the raining. Allow oneself to rain.

To see raining. To say I see it's raining.
Until the raining.
Until the rain.
Until then.
Until.

LA MAREA

Simultánea, la marea
se aleja de sí.
Parece desnuda la arena
cada vez que se retira
y se deshace de lo blanco.

La marea escupe
lo que no se adhiere
a las reglas de su juego.
En su ir y venir expulsa
hasta el pez de plata
que ahora nos mira
r u t i l a n t e
desde su más allá
particular.

Se agita el paisaje, se llena
de inútiles problemas.
Adentro, algo se desuella.

Tomas mi mano
para sentir mejor
el vaivén del viento.
Y ese miedo que te asalta
cuando mi mirada
imita al mar, cuando
mi vaivén violenta
tu delicado estar . . .

Como la espuma, te diriges
hacia un derrumbe natural.

Parece que cuelgo de algún quicio.
Pájaros fríos me vienen a buscar.

Simultánea, la marea
se babea sobre sí.
Inútil contemplarla, pero . . .

THE TIDE

Simultaneous, the tide
moves away from itself.
The sand looks naked
every time it retracts
and does away with the white.

The tide spits out
whatever fails to stick
to the rules of its game.
As it comes and goes, it expels
even the silverfish
that now gazes at us
g l i s t e n i n g
from its own
beyond.

The landscape's stirred, filled
with useless problems.
Inside, something breaks.

You take my hand
to better feel
the swaying breeze.
And the fear that grips you
when my gaze
mirrors the sea, when
my swaying breaches
your gentle being . . .

Like foam, you move
toward a natural collapse.

It seems I hang from some post.
Cold birds come looking for me.

Simultaneous, the tide
drools over itself.
It's useless to contemplate, yet . . .

LA CONTORSIONISTA

Ayer fuimos al circo
y vimos a una contorsionista
contorsionarse toda
sobre una plataforma
mínima como su cuerpo.

La gente aplaudía de pie.

La contorsionista venía de muy lejos
según el narrador del circo
de tierras lejanas, la cintura
como un pájaro loco, girando en círculos
obscenos. La sonrisa elástica
los ojos tristes y muy quietos.

Me tuve que tapar la cara
en el momento culminante
cuando la contorsionista deja de ser alguien
y se convierte en una masita redonda.

Pensé que se nos rompía
la mujer muñeca
venida de tan lejos.

Yo también vengo de lejos.
Yo también me contorsiono toda.
Por dentro, como todo el mundo.
Sin aplausos ni sonrisa.

THE CONTORTIONIST

Yesterday, we went to the circus
and saw a contortionist
contort all of herself
on a platform
as small as her body.

People stood up to clap.

The contortionist came from far away,
according to the circus's narrator,
from remote lands, the waist
like a wild bird, spinning in obscene
circles. The elastic smile,
the sad and very still eyes.

I had to cover my face
during the climax
when the contortionist is no longer someone
and becomes a round little mass.

I thought she would break,
our doll woman
who had come from so far away.

I, too, come from far away.
I, too, contort all of myself.
On the inside, like everyone else.
Neither with applause nor with a smile.

NIÑA CUCHILLO

Viene como un grito apagado. Nadie la ve venir, pero viene.
El cuerpo es un pequeño accidente hiriendo la bondad de un cuchillo.
Viene, pechito de paloma, punzante. La madre no pregunta.
La niña cuchillo no es una metáfora.
Llega abierta como un poema enfermo.
El cuchillo tiene seis años.
La niña, dicen, tiene la edad del cuchillo.
El padre juntó estas dos cosas tan humanas, la una
sobre la otra. La madre limpiaba el piso.
El cuchillo trajo la sangre. La madre limpiaba el piso.
El padre no era el padre. La niña cuchillo era sólo una niña.
El cuchillo nunca fue sólo un cuchillo.
Tórax es una palabra interesante.

Accidentes le pasan a cualquiera;
también a los cuchillos.

KNIFE GIRL

She arrives like a muffled scream. No one sees her coming, but she arrives.
Her body is a small accident wounding the kindness of a knife.
She arrives, little pigeon chest, pointed. The mother asks no questions.
The knife girl is not a metaphor.
She comes open like a sick poem.
The knife is six years old.
The girl, they say, is as old as the knife.
The father joined these two human things, placed one
atop the other. The mother cleaned the floor.
The knife brought the blood. The mother cleaned the floor.
The father wasn't the father. The knife girl was just a girl.
The knife was never just a knife.
Thorax is an interesting word.

Accidents can happen to anyone;
the same goes for knives.

UNA MUCHACHA QUE SE PARECE A MÍ

"La muchacha de la película se parece a ti", me dice mientras caminamos a la panadería. Yo no digo nada. Sonrío un poco. Me lo imagino forzando las formas del rostro de la muchacha de la película hasta que, más o menos, se parezca a mí. Tengo este pensamiento y me agarra cierta culpa. O cierto reconocimiento de mi narcisismo. Me siento mal. Me siento mal por haber sonreído así, a sabiendas de lo que aquella sonrisa significa. Me siento mal de bajar la cabeza, de meterme las manos en los bolsillos y de caminar, como si hubiera un rumbo claro. Como si supiera a dónde voy. Ya sé que dije que iba a la panadería, pero eso lo sabemos ambos y, sin embargo, hay en mí cierta determinación que no veo en él. Es como si él buscara otra cosa en ese caminar, un extravío, un pretexto para detenerse aquí y allá, una callada petición de dar vueltas alrededor de mí, una terca voluntad de amarme, a pesar de. Entonces le digo que sí, que es cierto, que la muchacha de la película tiene algo de mí. Le digo que no son tanto sus facciones, sino un aire. Inmediatamente me arrepiento de decir esto. ¿Un "aire"? Me siento mentirosa, condescendiente; me siento, no sé, como si estuviera practicando para el personaje de mi persona. Él dice que sí, que sí, que tenemos un aire de familia. Le digo que sí, que es eso, lo del aire. A él le gusta coincidir conmigo. Le digo que la muchacha de la película tiene la boca grande y que la mía es pequeña. Se lo digo como queriendo decir otra cosa, como si lo que dijera en verdad fuera que yo siempre quise tener una boca así: grande, pesada, rosa intenso. Él asiente y dice que, aunque nuestras bocas no sean parecidas, hay algo en el modo en que levantamos las cejas antes de hablar, antes de decir algo importante, que es idéntico. Es en el gesto armonioso entre las cejas y la boca en donde nos parecemos bastante, dice él, pero con otras palabras. Él lo dice con más vueltas, como imitando su caminar. Le digo que no me había fijado en eso y mientras lo digo me voy dando cuenta de cómo levanto las cejas para decir esto, que, francamente, no es tan importante. Me dice, también, que la muchacha parece una niña. Me dice que yo también parezco una niña. Ante esta nueva declaración me descubro tratando de forzar en mi expresión, en mi caminar, en el movimiento de mis manos, una niñez que, aunque sea una niñez fingida, forzada, fabricada, es el sustrato verdadero de toda niñez, de mi única niñez. Se aprende a mentir desde temprano. Se aprende a tener conciencia de la mentira casi desde siempre. Aprendemos a ser culpables y a vivir así, de espaldas a la culpa. ¿Por qué me gusta tanto que la gente diga que parezco una niña? No tiene que ver tanto con el miedo a la vejez. De hecho, no se trata de una exaltación a la juventud, sino más bien de una tímida alabanza a la torpeza, a una cierta inocencia que se suele pretender, y que, a fuerza de tanto ensayo, se vuelve parte de nosotros. Finalmente le digo que sí, que la muchacha de la película parece una niña, mientras niego, débilmente, que yo parezca una niña.

Parece que empieza a llover. Miramos al cielo y después nos miramos. Gotas de lluvia en la punta de su nariz. Me pregunta si me gustó la película de la muchacha que se parece a mí. "No", respondo sonriendo. "A mí tampoco", dice él más serio que de costumbre. Seguimos caminando, ahora más de prisa porque la lluvia aprieta.

A GIRL WHO LOOKS LIKE ME

"The girl from the movie looks like you," he tells me as we walk to the bakery. I say nothing. Smile a bit. I imagine him bending the shapes of the face of the girl from the movie until it more or less resembles mine. As soon as I have this thought, a kind of shame takes hold of me. Or a kind of acknowledgment of my narcissism. I feel bad. I feel bad for having smiled like that, knowing what that smile means. I feel bad for looking down, shoving my hands in my pockets, and walking, as if there were a clear path. As if I knew where I was going. I know I already said I was headed for the bakery, but we both know that, and yet there's a determination in me I don't see in him. It's as if he were looking for something else in his stride to lead him astray, an excuse to stop here and there, a quiet plea to circle around me, a stubborn will to love me, in spite of. So I tell him that yes, it's true, the girl from the movie looks like me. I tell him it's not so much her features, but rather an air. I immediately regret saying that. An "air"? I feel like I'm lying, being condescending; I feel, I don't know, as if I were rehearsing for the role of myself. He says that yes, yes, there's indeed a familial air. I tell him that yes, that's it, the air. He likes to agree with me. I tell him the girl from the movie has a big mouth, and mine is small. I say it as if wanting to say something else, as if what I was really saying was that I always wanted to have a mouth like that: big, heavy, intensely pink. He agrees and says that even though our mouths aren't similar, there's something in the way we raise our eyebrows before speaking, before saying something important, that's identical. It's in the harmonious gesture between eyebrows and mouth where we look a lot alike, he says, but with other words. He says it with more sidesteps, as if imitating his walking. I tell him I hadn't noticed that, and while I say it, I start realizing how I raise my eyebrows to utter this, which frankly isn't that important. He also tells me that the girl looks like a child. He tells me I, too, look like a child. With this new declaration, I find myself trying to force, through my expression, my stride, the movement of my hands, an air of a childhood that, even if it is a feigned, forced, fabricated childhood, is the real substrate of all my childhood, my only childhood. We learn to lie from early on. We learn to be conscious of lying almost forever. We learn to be guilty and live like it, our backs to guilt. Why do I revel in people saying I look like a child? It doesn't have to do so much with the fear of aging. In fact, it's not about an exaltation of youth, but a modest praise of clumsiness, a sort of faux innocence that, after so much practice, becomes part of who we are. At last, I tell him that yes, the girl from the movie looks like a child, while I deny, feebly, that I look like a child.

It's starting to rain. We look at the sky and then ourselves. Drops of rain on the tip of his nose. He asks me if I liked the movie with the girl who looks like me. "No," I reply with a smile. "Me neither," he says, more serious than usual. We keep walking, now faster, because the rain's catching up to us.

ORDEN

Todo está en orden.

La mesa con sus libros,
los vasos, sus círculos
mojados. El vacío,

las ideas y los platos.

No sé qué día es, pero hoy
me inventé tres palabras
para bloquear el sentimiento
y estar viva.

ORDER

Everything is in order.

The table with its books,
the cups, their wet
circles. The emptiness,

the ideas, and the dishes.

I don't know what day it is, but today
I came up with three words
to block out the feeling
and be alive.

UN SUCESO

Afuera un hombre joven acelera su motora. Puede que este hombre confunda ese ruido de metales y de humo con la voz de su madre, o con la voz callada de alguna novia lejana que, acaso, le siga sonriendo en el tiempo. Nadie sabe mucho de la genealogía de los ruidos. Nadie sabe, a ciencia cierta, de los ruidos íntimos que buscan referentes externos para explicar el tránsito de eso que nos pasa.

Afuera están el hombre y su motora. Dos animales sacándose a pasear. Es un hombre joven. Fuerte, alto. A veces sonríe mirando hacia la nada. Uno no sabe si le sonríe a la motora, o al recuerdo de la voz de la madre o de la novia que le acabo de inventar, pero que, seguramente, han de existir.

Quizá no sea necesario mirar tanto por la ventana. Quizá no esté bien pararme aquí, envidiando un poco al hombre que acaricia su motora.

A veces uno siente que no pasan muchas cosas. A veces uno cree que deberían pasar más. A veces uno querría. Sacudirse el polvo de otros días.

Estos días evalúo seriamente la constitución de los sucesos. Eso pasa cuando, parece, no nos pasan muchas cosas. Eso pasa cuando dejamos de ver todo lo que pasa cuando nos convencemos de que no está pasando nada. Y es así, considerando la falta de sucesos, cómo se libra la batalla en contra de esa aplastante apariencia de todo lo que no pasa.

¿Qué es un suceso? Esa es la pregunta que me persigue estos días. Esa es la pregunta que me he planteado estos días.

¿Una mosca ahogándose en un vaso de agua es un suceso? ¿La llamada que no hice para saber cómo estabas es un suceso? ¿Esa mujer que cruza la calle agarrándose la falda por temor al viento constituye un suceso? ¿Unos pájaros peleándose por un pedazo de fruta es un suceso? ¿O es varios sucesos? ¿A cada pájaro le corresponde su porción de suceso? ¿Es la fruta sola un suceso?

Una idea venciendo otra idea es el gran suceso de estos días. Creo que algo se está desatando. Creo que un suceso está sucediendo a otro suceso.

Eso es lo que pasa dentro de estos días en los que alguien bien puede decir que aquí no pasa nada. Ciertamente, alguien asomado desde otra ventana mirando hasta la sala de mi casa podría decir: "Allí no pasa nada". Y mentiría ese que lo dice, aunque en verdad no sea nadie ese que no dice nada.

Suceden las palabras. Sucede el silencio detrás de la palabra. Suceden los ruidos que no entienden de palabras. Sucede el árbol. Sucede lo que no veo. Sucedo yo. Y como si fuera poco, sucedes tú.

Visto así, mis días están demasiado ocupados. Visto así, no tengo tiempo para casi nada.

AN EVENT

Outside, a young man revs his motorcycle. It's possible that this man might be mistaking the sound of metal and smoke for the voice of his mother, or for the quiet voice of a distant girlfriend who, perhaps, keeps smiling at him throughout time. No one knows much about the genealogy of sounds. No one knows, categorically, about the intimate sounds that look for external references to help explain the course of what happens to us.

Outside are the man and his motorcycle. Two animals taking each other out for a walk. The man is young. Strong, tall. He sometimes smiles looking at the nothingness. One doesn't know if he smiles at the motorcycle, or the memory of his mother's voice, or that of the girlfriend whom I just conjured up but who surely must exist.

Maybe I shouldn't look out the window so much. Maybe it's not a good thing for me to be standing here, slightly envying the man who strokes his motorcycle.

Sometimes one feels that nothing much happens. Sometimes one thinks more should happen. Sometimes one can only dream. To shake off the dust of other days.

These days I'm earnestly examining the makeup of events. This happens when seemingly nothing much happens to us. This happens the moment we stop looking at everything that happens when we convince ourselves that nothing is happening. And it's in this way, considering the absence of events, that the war against that crushing appearance of everything that doesn't happen is waged.

What is an event? That is the question that haunts me these days. That is the question that I've asked myself these days.

Is a fly drowning in a glass of water an event? Is the call I didn't make to ask how you were an event? Does the woman who crosses the street holding her skirt down, fearing the wind, constitute an event? Are some birds fighting over a piece of fruit an event? Or several events? Is each bird owed their share of the event? Is the fruit alone an event?

An idea beating another idea is the great event these days. I think that something is untying itself. I think an event is happening after another event.

This is what happens these days, in which one might as well say that nothing happens here. Surely, someone peeking out of another window looking into the living room of my house could say: "Nothing happens over there." And that someone would be lying, although we know there is nobody saying anything to begin with.

Words happen. Silence happens, hiding behind words. Sounds that elude the meaning of words happen. The tree happens. What I can't see happens. I happen. And, as if that weren't enough, you happen.

From where I stand, my days are quite busy. From where I stand, I have barely any time for anything.

POEMA PARA EL FIN DEL MUNDO

El asombro apretado en la garganta gris
de un niño gris.

En la mañana, los animales cantan.
Cuando el sol regresa envuelto en telarañas
y tu voz, cristal acongojado,
me nombra una última vez.

Los hombres de hiel
bajan las cabezas. Empieza, otra vez,
el mundo.

POEM FOR THE END OF THE WORLD

Wonder constricted in the gray throat
of a gray child.

In the morning, the animals sing.
When the sun returns wrapped in cobwebs
and your voice, grief-stricken crystal,
calls out my name for the last time.

Bitter men
lower their heads. Again, it begins,
the world.

MI PADRE DICE

Mi padre dice que estoy muy asimilada.
Yo me tiro en la hamaca.
El horizonte se llena de ceniza de volcán.
Verde veteando bruma de calor.

La secuencia del verde es una imagen hermosa,
tan inútil.

Mi padre hace café.
Todo se derrite en la mirada.
Mi padre dice algo de un queso manchego
que tiene o no tiene para acompañar el café.

Pienso que sí.
La hija de mi padre está muy asimilada.

MY FATHER SAYS

My father says I'm too assimilated.
I throw myself on the hammock.
The horizon's covered in volcanic ash.
Green streaking a heat haze.

The string of green is a gorgeous image,
so useless.

My father makes coffee.
Everything melts in the gaze.
My father says something about a Manchego cheese
he has or doesn't have to go along with the coffee.

Yes, I agree.
My father's daughter is too assimilated.

PARA QUE NO LA VEAN

Ella existe
para que no la vean.

Se pone en la ventana
y cierra los ojos
para que no la vean.

A veces se coloca
dentro de una herida fresca
y se borra la mirada.

Es como si
d e s a p a r e c i e r a.

Existe ella, maniatada
a una voluntad sencilla
de ser sin estar, de sentir
sin ser sentida.

No quiere que la vean.

Un vuelo sin ave, una canción
que no necesita voz:
hay que cerrar la mirada,
hay que situarse
muy bien en el dolor.

Ella existe, dicen,
para practicar
el delicado arte
de la
de
      sin   te
gra
         ción.

SO SHE'S NOT SEEN

She exists
so she's not seen.

She goes to the window
and closes her eyes
so she's not seen.

Sometimes she lies
inside a fresh wound
and gazes blankly.

As if she were
d i s a p p e a r i n g.

She exists, hands tied
to the simple will
to be without being, feel
without being felt.

She doesn't want to be seen.

A flight without a bird, a song
that doesn't need a voice:
you need to shut your gaze,
become familiar enough
with pain.

She exists, they say,
to practice
the delicate art of
dis
        in   te
gra
            tion.

NATURALEZA MUERTA

La fruta que está en la canasta en donde siempre ha estado la fruta ha desatado en estos días una inmensa tristeza. No se sabe la razón de este como padecimiento que quizá esté vinculado a algún malestar del alma. Hay, por supuesto, momentos más difíciles que otros. Sobre todo, por la tarde, la fruta parece querer marcharse. Como si estuviera aburrida de nosotros, o como si quisiera llorar, esta fruta malagradecida. También está el componente de la luz que, dependiendo de la hora del día, aumenta esta sensación un poco de terror, un poco de llanto, un poco de compasión (estos tres ocurren en distintos estadios del día y de la conciencia) que rodea a la fruta. No hemos hablado, él y yo, de esta situación, la situación de la fruta, de la tristeza que ha desatado la fruta, pero sé que él también lo siente. Cada vez es más difícil, por ejemplo, ir al mercado, contemplar la fruta con cara de perplejo, sentirla en nuestras manos, enojados y melancólicos, regresar a casa cargados de fruta, como si planificáramos una venganza o una tortura. Contra nosotros o contra la fruta, da igual. "Ya se nos pasará", digo yo. "Ya volveremos a estar bien con la fruta", pensará él. Yo ya he comenzado a perder la fe en esta batalla diaria entre la violencia de nuestra calma y la tristeza que se ha apoderado de la fruta.

STILL LIFE

The fruit that's in the basket where the fruit has always been has recently unleashed a great sadness. It remains unclear why the fruit is undergoing a kind of suffering that is perhaps linked to a malady of the soul. There are, of course, moments that are harder to endure than others. Especially in the afternoon, when the fruit seems to want to leave us. As if it were fed up with us, or as if it wished to cry, this ungrateful fruit. There's also the light, which, depending on the time of day, heightens this feeling of a little terror, a little sorrow, a little compassion (these three occur at different stages of the day and the fruit's consciousness) that envelops it. We haven't talked, he and I, about this problem, the fruit problem, about the sadness that the fruit has unleashed, but I know he feels it too. It's getting increasingly harder, for instance, to go to the supermarket. We look at the fruit all puzzled, feel it in our hands, in anger and gloom, go back home with the weight of the fruit, as if we were planning some form of vengeance or torture. Against ourselves or against the fruit, it's all the same. "We'll get over it," I say. "We'll be at peace once again with the fruit," he must have thought. I've already started to lose faith in this daily struggle between the violence of our tranquility and the sadness that has overcome the fruit.

COMO UNA NIÑA

Estoy como una flor
que no se quiere abrir.
Atormentada por un deseo lento
he escrito todas las paredes de mi casa
buscando una pregunta que no sé . . .
"Estás como una niña", le oigo decir.
Lo sé. Me siento incongruente, aunque
en absurda armonía
con todo lo que no rima.
Soy dueña de algunas cosas.
Hay unos libros que ya no leo.
Hay unas libretas en las que ya no escribo.
Me cuesta decir, "Tengo".
Ayer vi mi reflejo en los cristales, de repente.
Te ha pasado, verte en el reflejo de un cristal
inesperado.
Te ha pasado, no reconocer tu perfil
en algún reflejo, en alguna superficie o charquito de agua.
Envejezco, está claro.
Sé que soy dueña de unas pocas cosas.
Sé que poseo más de lo que me posee.
Pero estoy, a veces, tan pequeña,
tan ilusamente indefensa.
Que soy débil, lo sé.
Que soy fuerte, también.
Que a veces me atormenta el llanto de algo
que se oculta.
No tengo visiones, pero veo, sin querer,
los rostros de unas niñas
sin risa.
Me duelen las cosas, las montañitas de ropa
abandonadas en los muebles,
el sonido de la televisión
cuando la sala está tan sola.

Parece que la casa tiene miedo
de mis miedos.

LIKE A GIRL

I'm like a flower
that refuses to bloom.
Haunted by a slow want
I've written all the walls of my house
looking for a question I don't know . . .
"You're acting like a girl," I hear him say.
I know. I feel at odds yet
absurdly aligned
with everything that doesn't rhyme.
I own a few things.
There are books I don't read anymore.
There are notebooks I don't write in anymore.
It's hard for me to say, "I have."
Yesterday, I suddenly caught my reflection in the window.
It's happened to you, finding yourself reflected
in an unexpected window.
It's happened to you, not knowing it's your face
mirrored in some surface or puddle of water.
I age, no doubt.
I know I'm the owner of a few things.
I know I possess more than what possesses me.
But sometimes I'm so small
so foolishly helpless.
That I'm weak, I know.
That I'm strong, that too.
That sometimes I'm haunted by the cry
of something hidden.
I don't have visions, but I see, without wanting to,
the faces of girls
without a smile.
I'm hurt by all things, the little heaps of clothes
left behind on furniture,
the sound of the television
when the living room is so desolate.

It seems that the house has a fear
of my fears.

PAISAJE

El ojo rueda por el borde.
No sucumbe a la mentira. No se
entrega. Solo
se desliza tenue, como si de mirar
no se tratara, practica una ceguera, se impone
una distancia, se enfoca
en el vidrio, entiende
el impedimento, la frontera
el d e s e q u i l i b r i o
que todo paisaje
implica.

LANDSCAPE

The eye rolls over the edge.
It doesn't succumb to the lie. It doesn't
surrender. It only
slides softly, as if it weren't
looking, attempts
a blindness, imposes
a distance, focuses
on the glass, understands
the impediment, the boundary
the i n s t a b i l i t y
every landscape
suggests.

ESPANTAR UNOS PÁJAROS

Llego a la playa para espantar unos pájaros.
El aire azul me devuelve el recuerdo de tu rostro
limpio y humillado, como pidiendo perdón.
Mis ojos se acostumbran
a la devastadora claridad. Pretendo saber
en dónde empieza el cielo, en dónde la tierra,
en dónde nuestra historia.

No me alarmo cuando el horizonte se desprende
cuando corroboro que levita
mirando con horror hacia el barranco de agua y de luz
que lo define.

Pero yo he llegado hasta aquí para espantar
unos pájaros, y acaso tu rostro, el recuerdo
de tus ojos y unos pájaros. Sus graznidos
de sal y de azul picoteándome el vestido imaginario
que me pongo cuando -------- i s l o --------
cuando desdibujo mi costa ya lejana, tu costado
ya desierto, mientras sigo espantando siempre
los mismos pájaros en una playa
color azul helado, retirándole el pan
al recuerdo de tus ojos, variación de pájaro silente
                desolada
he seguido, separando la paja del trigo, la ola
de la espuma, la visión de la retina
para verme sin espejos,
rota pero íntegra, iluminada
por la contundencia fabricada
de un reflejo.

SHOOING SOME BIRDS

I get to the beach to shoo some birds away.
The blue air hands me back the memory of your face,
clean and humiliated, as if asking for forgiveness.
My eyes get used
to the devastating light. I pretend to know
where the sky begins, where the earth ends,
where our story stands.

I am not shocked after seeing the horizon break free
when I confirm it levitates,
looking in terror at the precipice of water and light
that defines it.

But I've come all this way to shoo some birds away,
and perhaps your face, the memory
of your eyes and some birds. Their caws
of salt and blue pecking at the imaginary dress
I wear when I -------- i s l e --------
when I blur my already distant shoreline,
your already deserted side, while I keep shooing forever
the same birds on a cool blue
beach, taking back the bread
meant for the memory of your eyes, variation of a silent bird
           desolate
I've persisted, separating the wheat from the chaff, the wave
from the foam, the vision from the retina
to look at myself without mirrors,
broken but whole, illuminated
by the perfected lie
of a reflection.

"VÍSTETE QUE . . ."

Manejamos. "Qué país tan grande", le digo. "Qué país tan vacío", me dice. A lo lejos hay una línea entrecortada, un reguero de puntos sincronizados marchando a otro cielo. Se acercan. Nos acercamos. El misterio del espacio. El misterio de la forma cuando se pierde en el viento.

En este país tan grande y tan vacío todo asume una tristeza tan pequeña, tan idiota, tan en medio de la inmensidad. Tan que nadie ve. Y eso es, en sí, la tristeza. Lo bello que no se ve.

"Vístete que nos vamos" es una frase un tanto absurda en este contexto. Pero es que a veces, cuando estoy metida en un país tan grande y tan vacío, extraño a mi mamá. Es de humanos extrañar a la mamá. Y el recuerdo materno se manifiesta en ciertas frases.

"Vístete que nos vamos".

Todas las mañanas yo me visto para irme. Yo me pongo bonita para irme. Pero casi siempre me quedo en la casa. En este país tan grande y tan vacío, a veces no hay a dónde ir.

Entonces, él llega y me dice: "Biteste que nossss vamouss". Y yo me visto. Y yo me pongo bonita. Y nos vamos.

"GET DRESSED . . ."

We drive. "What a big country," I tell him. "What an empty country," he says. In the distance, there's a dotted line, a trail of synchronized dots marching toward another sky. They grow closer. We grow closer. The mystery of space. The mystery of form when it gets lost in the wind.

In this big, empty country, everything assumes a sadness so small, so foolish, so in the midst of immensity. So much so that no one sees it. And that, in itself, is sadness. The beautiful unseen.

In this context, "Get dressed, we're leaving" is a rather absurd phrase. But the thing is, sometimes, when I'm deep in this big, empty country, I miss my mom. It's human to miss one's mom. And maternal memory lives on through certain phrases.

"Get dressed, we're leaving."

Every morning, I get dressed to leave. I make myself pretty to leave. But I almost always stay at home. In this big, empty country, sometimes there's nowhere to go.

Then he gets home and tells me, in broken Spanish: "Get dressed, we're leaving." And I get dressed. And I make myself pretty. And we get going.

PÚRPURA

En el encierro las formas se desplazan
misteriosas.

Por la casa un ruido aparece claramente
                            púrpura.

La piel es un accidente
derramado en el sofá.

Ciertos objetos se confunden
con ciertas palabras.

Desde sus entrañas
la casa nos hace palpar
su carne dolorosa.

Lo sublime se pasea entre nosotros
con el mismo rigor que la desgracia.

PURPLE

In confinement, shapes move
mysteriously.

Through the house a sound clearly emerges
                              purple.

The skin is an accident
spilled on the sofa.

Certain objects get mixed up
with certain words.

From its guts
the house makes us feel
its stricken flesh.

The sublime wanders among us
with the same rigor as disgrace.

WALMART

Me detuve a contemplar unos tulipanes blancos tostados por las luces de neón. Una señora me mira de reojo desde su carrito motorizado.

Pasan cosas extravagantes en el Walmart, como que una joven con expresión de asombro y de tristeza se detenga a mirar los tulipanes, asustados, al lado del pan.

Él me mira con amor, él me llama y yo voy. Yo siempre voy. Atrás quedan las flores. La señora del carrito se llena de cosas. Las cajeras se permiten odiar, con tanta dulzura, con tanta bondad.

WALMART

I stopped to contemplate some white tulips burnt by the neon lights. An older woman looks at me out of the corner of her eye from her motorized shopping cart.

Outlandish things happen at Walmart, like a young woman with an expression of wonder and sadness stopping to look at some startled tulips beside the bread.

He looks at me with love, he calls me, and I go. I always go. The flowers stay behind. The older woman's cart gets filled with things. The cashiers allow themselves to hate, with so much sweetness, with so much kindness.

ANIMAL SENCILLO

El día claro, desnudo y brillante
colocado sobre la mesa
es un animal sencillo
salpicado de viento y de azul
invariablemente seducido
por el emblema de tu voz.

Animal sediento, el día se pasea
para lamer el sudor del cactus
para inmolarse en sus espinas
para morir acurrucado
bajo la sombra de tu nombre.

SIMPLE ANIMAL

The clear, bare, and brilliant
day lying on the table
is a simple animal
splashed with wind and blue
invariably seduced
by the emblem of your voice.

Parched animal, the day wanders off
to lick the cactus's sweat
to sacrifice itself on its spines
to die curled up
beneath the shadow of your name.

LA CLAVE

La respiración entrecortada de mi padre
da la clave.

El pastor que no veo desde niña dice
que ya falta poco. Experto en despedidas,
me explica, con científica ternura,
el porqué de esa violenta cadencia
que arrulla o estremece el cuerpo
de mi padre.

En la sala arde lo humano.
La familia se consume en la faena
del recuerdo. Mis tías ríen, aunque lloran.
Un pariente que no conozco me saluda.
Desde lejos su mirada dice todo:
Soy Pintado. Mis formas se parecen
a otras formas: titi Filo, tío Pedro,
la Eduviges . . . hay cuerpos en mi cuerpo.

Al fondo las voces crecen,
se alimentan de lo que se agota.

Mi padre se despide como puede.
Desde la habitación nos dice algo
que pretendemos saber y que sabemos
ignorar.

La casa nunca había visto tanta vida.
Mis sobrinos, jóvenes y lustrosos,
entran y salen. Ellos también cargan,
en sus formas, la perfecta forma
de lo que se extingue.

Hoy todos nos parecemos a mi padre:
tú tienes su nariz, aquella le sacó
las piernas, el otro ha heredado
el volumen de su pelo, los labios finísimos,
su imprecisa estatura.

Los más pequeños se acercan al misterio
con la risa inmutable; adeptos al fantasma
le toman la mano, lo despeinan, lo besan,
le sacan fotos en ese estado que pronto
borraremos.

A veces nos callamos para escuchar
cómo el tiempo se deshace de mi padre,
cómo lo abandonan los segundos.

Un anciano le pregunta a mi sobrino
si será predicador. El muchacho suspira
pero no contesta. Alguien se me acerca
para preguntar si yo soy LA POETA.
Digo que sí y bajo la cabeza.

Yo soy la menor.
Yo lo miro desde su butaca favorita
dando la última batalla,
infinitamente solo; su mirada
se llena de un vacío nuevo
necesario para el viaje.

La respiración entrecortada de mi padre
da la clave.

Ya nada nos alcanza . . . ya nada lo detiene.

Es otoño y corre cierta brisa.

THE KEY

My father's labored breathing
is the key.

The pastor I haven't seen since I was a girl
says it's a matter of time. Expert at goodbyes,
he tells me, with scientific tenderness,
the reason behind that violent cadence
that lulls or shakes the body
of my father.

In the living room what's human burns.
The family's consumed with the task
of remembering. My aunts laugh, despite crying.
A relative I don't recognize greets me.
From afar his gaze says everything:
I'm a Pintado. My forms resemble
other forms: Auntie Filo, Uncle Pedro,
the Eduviges . . . there are bodies in my body.

In the background, the voices
feed off of what wears out.

My father says goodbye as he can.
From his bedroom he is telling us something
we pretend to know and know
how to ignore.

The house had never seen so much life.
My nephews, young and lustrous,
come and go. They also carry,
within their forms, the perfect form
of what dies out.

Today we all look like my father:
you have his nose, she got
his legs, the other inherited
the voluminous hair, the extremely thin lips,
his undefined height.

The youngest get close to the mystery
with the unchanging smile; stoked by the ghost
they take his hand, mess up his hair, kiss him,
take pictures of him in that state that we'll soon
erase.

Sometimes we stop talking to hear
how time does away with my father,
how the seconds abandon him.

An old man asks my nephew
if he'll be a preacher. The boy sighs
but doesn't answer. Someone gets close
to ask me if I'm THE POET.
I say yes and lower my head.

I'm his youngest child.
I look at him from his favorite armchair
making a last stand,
infinitely alone; his gaze
is filled with a new nothingness
necessary for the trip.

My father's labored breathing
is the key.

Nothing catches up with us anymore . . . nothing stops him now.

It's fall, and a particular breeze blows.

CENIZAS

Anoche, en sueños,
vi a mi madre.

La ciudad ardía . . .

Desde lejos me llegaban
sus cenizas.

Su rostro, lleno de viento,
se deshacía
en pequeñas frases
que yo no entendía.

ASHES

Last night, in dreams,
I saw my mother.

The city was burning . . .

From afar its ashes came
to find me.

Her face, filled with wind,
came undone
in small phrases
I couldn't understand.

UN EFECTO DE MAR

Recorto la tarde.
Difumino opacidad.
Busco claridades, busco
tramo de luz.

Te coloco dentro de un cuadrado
azul.
Duermes. Agito los colores del cielo.
Teorizo: nubes, posibles truenos,
aguacero.

Todo llega tarde y sereno . . .
Fondo blanco, rastro azul.
A lo lejos se crea

un efecto de mar.

AN OCEAN-LIKE EFFECT

I cut the afternoon.
I blend opacity.
I seek brightness, seek
a stretch of light.

I place you inside a blue
square.
You sleep. I mix the colors of the sky.
I scheme: clouds, possible lightning,
downpour.

Everything comes late and serene . . .
White background, a trace of blue.
In the distance, I can see it now:

an ocean-like effect.

LA PLAYA

La playa. Después de vivir tres años rodeada de lagos, veo el océano abrirse como una herida vieja. Una herida buena. A mis amigos del norte les asusta el mar. A mí me aterran los lagos. Cuerpos inmóviles vigilados por árboles. Buscamos una sombra porque andamos con el bebé y el sol de junio tiene dientes. Son las nueve de la mañana. Las palmas parecen moverse, gentiles y delicadas, dentro de su pelo. Él lo mira todo con un asombro nuevo. Planta sus pequeños pies en la arena y mira a su padre con la boca abierta. Le explicamos la arena.

Las familias van llegando. Son animales hermosos, como la nuestra. Llegan con radios, con un millón de niños, con neveritas. Llegan con sus historias, con sus secretos. Llegan. Como llegan los hijos del mar al mar, con esa melancolía que es verdad, aunque se sienta, a ratos, manufacturada. A veces se les sorprende, cuando parece que nadie los está mirando, dejándose agarrar por esa tristeza súbita que nos acecha a todos en días perfectos como éstos. Hay un hombre con un dragón en la espalda, alto y fuerte, la mirada fija en el horizonte. Es un hombre muy bello súbitamente perdido en el mar que lleva dentro. Una niña flaquita llega y lo toma de la mano. El hombre la mira desde su pequeña tempestad que ahora comienza a despejarse. Van juntos a desaparecer en el agua, a ensayar una muerte serena, a sanarse de algo que no se sabe bien.

Nos acercamos al agua. Mi esposo creció en el Pacífico. Yo crecí en el Atlántico. Milo crece entre los malditos lagos de Arkansas. Entramos los tres al mar. No sé cuándo todo esto se me convirtió en un rito como sagrado. Entrar al mar con él y con el niño. Hemos comprado uno de esos flotadores con techo, para proteger su cabecita. Le ha gustado. Estamos felices, los tres, en este mar que, por lo pronto, es lo único que nos mantiene a flote. No hablamos mucho por temor a romper este instante que ya ha comenzado a desintegrarse. Los paraísos siempre se viven desde afuera. Es extraño, pero es así. Entendemos la precariedad de este mar tan vasto.

Un grupo se acerca a la orilla. Son como cuarenta. Todos juntos, algunos con cámaras. Las mujeres llevan faldas. Le pido información a una de las mujeres: "Un bautismo, hermana", me responde con una sonrisa tan sincera que me desgaja el alma. Es un verdadero espectáculo. Los turistas acuden también, intrigados por la repentina conmoción.

Cierro los ojos para evocar el día en que me bautizaron, hace ya bastantes años. Tengo doce años, una bata blanca, unos ojos muy grandes, un cuerpo muy pequeño. Recuerdo la sensación del agua fría cubriéndome la frente, bajando por mi rostro en medio de aquel día; recuerdo el deseo de sentir santidad y la persistente demanda de mis sensaciones fijas en el frío que sentí al salir del agua, con el viento golpeándome el cuerpo mojado que yo sabía muy desnudo debajo de aquella bata, la congregación de pie y de colores, cantando como enamorada.

Regresamos a nuestra palma. Milo se ha dormido. Nos decimos cosas sencillas, él y yo, en voz baja para no interrumpir el sueño del niño. La música de los vecinos no interrumpe su sueño. Es una pieza más dentro de este collage. No es una música bonita, y, sin embargo. Todo parece seguir un orden natural.

Todo este azul. Después de tres años. Después de mentirle a mis colegas y amigos repitiendo que los lagos son mi mayor consuelo después de haber perdido el mar. Ya va siendo hora de sincerarme. Conmigo y con ellos. Lo cierto es que odio los lagos. Odio el reflejo oscuro de los árboles sobre esa superficie chata. Verde sobre verde. Sobre verde. Allá todo es contracción. Aquí todo es expansión. Se lo digo, pero él ya lo sabe. Estamos acostados junto al niño. Las palmas siguen contorsionándose sobre nuestras cabezas. Hundo mis pies en la arena y siento comenzar una liberación. A lo lejos se escucha la voz vieja de una mujer joven hablando del pecado y de la salvación. Yo me tapo los oídos mientras miro al cielo, como buscando a Dios.

THE BEACH

The beach. After three years living surrounded by lakes, I see the ocean opening like an old wound. A good wound. My friends in the north are afraid of the sea. I'm scared of lakes. Unmoving bodies guarded by trees. We look for the shade because we brought the baby with us and the June sun is biting. It's nine in the morning. The palm trees seem to move, gently and softly, in his hair. He looks at everything with newfound wonder. Plants his little feet in the sand and looks at his father with his mouth open. We explain what sand is.

The other families start arriving. They're beautiful animals, like us. They come with speakers, with a million children, with coolers. They come with their stories, with their secrets. They come. Like the children of the sea come to the sea, with that sadness that is true, even when one knows it to be fabricated. Sometimes it creeps up on them, when it seems no one is watching, and they let that sudden sadness take hold, as we all do on perfect days like these. There's a man with a dragon on his back, tall and strong, his gaze fixed on the horizon. A gorgeous man, unexpectedly lost in the sea he carries inside. A skinny little girl comes and takes his hand. The man looks at her from his small storm, which now starts to clear up. They leave to disappear together in the water, to rehearse a calm death, to heal from something unknown.

We get closer to the water. My husband grew up in the Pacific. I grew up in the Atlantic. Milo grows among the damn lakes of Arkansas. We three get in the water. I don't know when all this became a sort of sacred ritual for me. To enter the sea with him and the child. We bought one of those floaties with a canopy, to protect his little head. He likes it. We're happy in this sea, which, as far as we know, is the only thing keeping us afloat. We don't talk much for fear of breaking this instant, which has already begun to disintegrate. Paradise is always lived from afar. It's strange, but it's the truth. We understand the susceptibility of this very vast sea.

A group starts to form. About forty people. All together, some with cameras. The women wear skirts. I ask one of the women for information: "A baptism, my dear," she replies with such a sincere smile it severs my soul. A real spectacle. The tourists arrive as well, intrigued by the sudden commotion.

I close my eyes to recall the day I was baptized, many years ago. I'm twelve years old, wearing a white smock, with very big eyes and a very tiny body. I remember how it felt when the cold water covered my forehead, dripping down my face in the middle of that day; I remember wanting to feel holiness and the persistent demand of my sensations to be fixed on the cold I felt when I came out of the water, with the wind beating my wet body I knew to be very bare under that smock, the congregation on their feet and in full color, singing as if enraptured.

We're back at our palm tree. Milo's fallen asleep. We say simple things to each other, he and I, quietly, to avoid waking the boy from his sleep. The neighbors' music doesn't disrupt his slumber. It's yet another piece inside this collage. It's not very nice music, but still. Everything seems to follow a natural order.

All this blue. After three years. After repeatedly lying to my colleagues and friends, saying lakes are the best reprieve after having lost the sea. It's about time to come clean. With myself and with them. The truth is I hate lakes. I hate the dark reflection of the trees on that flat surface. Green on green. On green. Over there everything is contraction. Here everything is expansion. I tell him, but he knows already. We're lying down beside the boy. The palm trees keep contorting over our heads. I sink my feet in the sand and feel a kind of liberation taking place. In the distance I hear the old voice of a young woman talking about sin and salvation. I cover my ears and gaze at the sky, as if looking for God.

SU SONRISA ES UN IMÁN

HIS SMILE IS A MAGNET

POR LAS RAMAS

La escritura es una enfermedad de superficies.
Un borde herido y mojado.

Orilla de playa.

Todo está resbalando. Todo. Rebotando. Tu voz
que se quedó atrás, yo la siento, pegada en mi frente.

Escritura como enfermedad de superficies.
Como un desfile de lenguas rotas secando gargantas.

Afuera
unos niños nublados entierran los pedazos.

Yo,
deshilada.

Ya ves. No era tan difícil desarmarme.

AROUND THE BUSH

Writing is an ailment of surfaces.
A wounded, wet edge.

Seashore.

Everything is slipping. Everything. Bouncing. Your voice
that stayed behind, I feel it, stuck on my forehead.

Writing as an ailment of surfaces.
Like a parade of broken tongues drying up throats.

Outside
a cloud of children buries the pieces.

I,
unraveled.

Now you see. It wasn't that hard to dismantle me.

LLUEVE

Dentro de este poema
llueve.

Y la lluvia imita
el sonido de tu voz.
En picada, afuera
las piedras se calientan
bajo el sol.

Pero aquí, ahora
en este verso
mi cuerpo mojado
aunque sediento
se prepara
para una feliz
inundación.

Porque llueve en el poema
y la lluvia se asemeja
al paisaje extinto
que es, que fue
tu voz.

IT RAINS

Inside this poem
it rains.

And the rain echoes
the sound of your voice.
As it plunges, outside
the rocks warm one another
under the sun.

But here, now
in this verse
my wet body
although thirsty
prepares itself
for a happy
flooding.

Because it rains in the poem
and the rain resembles
the extinct landscape
that is, that was
your voice.

DOMINGO

Sentada sobre una piedra
miro el reflejo oscuro de mis piernas
largas. Gotas dulces
en el ruedo de mi falda.

Acostado sin raíz, debajo del silencio
el lago ha retrocedido.

Camino sobre las aguas, naturalmente.
Todavía no es tarde
para aprender algún milagro.

Nada o Nadie
en esta latitud. El ruido
de una nube cuando pasa
es como . . .

Hay árboles ahogados, contemplados al revés.
Pájaros y peces
vuelan
a c o m p a s a d a m e n t e
dentro de mis párpados.

Llego hasta esa línea en donde el agua traga bosque.
Hay violines detrás del horizonte. Rumor de mar.
Sé que estoy enamorada. Sé que estoy
tan lejos de casa.

Aprendo a estar
en el borde de las cosas.

El domingo se voltea para verme mejor.

SUNDAY

Sitting on a rock
I look at the dark reflection of my long
legs. Sweet droplets
on the hem of my skirt.

Lying without roots, beneath the silence
the lake's retreated.

I walk on the waters, naturally.
It's still not too late
to learn a miracle.

Nothing or Nobody
in this latitude. The sound
of a cloud as it goes by
is like . . .

There are drowned trees, contemplated upside down.
Birds and fish
fly
r h y t h m i c a l l y
inside my eyelids.

I get to that line at which water swallows forest.
There are violins behind the horizon. A rumor of a sea.
I know I'm in love. I know I'm
so far away from home.

I learn to be
on the border of things.

Sunday turns around to see me better.

ANTES DEL VIENTO

Antes del viento. Antes
de los árboles caídos por el viento.
Antes de la lluvia y de la sed.
Antes de los animales asustados
por el grito de una sombra
ya andaba
desnuda en tu mirada.

Herida y descalza, extranjera
enamorada.

Acaricio
con el tallo de mi vientre
tu silueta muda,
transparente . . .

Mis manos se llenan de tu luz.
Detrás de la montaña
el deseo baila, haciendo nudos
debajo de mi falda.

Cómo decirte que tu cuerpo
es un horizonte duro
hundido en mis pupilas
sembrado de raíz en mi cintura
en mis dedos, en mi boca.

Cómo explicarte que amanezco
acurrucada en cualquier playa
como un sueño que resbala
lento por tu espalda.

Cómo indago en la melodía blanca
de tu voz, la caricia de tu voz:

amasijo de luz donde brillamos
tú y yo.

BEFORE THE WIND

Before the wind. Before
the trees knocked down by the wind.
Before rain and thirst.
Before the animals frightened
by the shriek of a shadow
I already wandered
naked in your gaze.

Wounded and barefoot, foreigner
in love.

I caress
with the stem of my belly
your silent, sheer
silhouette . . .

My hands are filled with your light.
Behind the mountain
desire dances, ties knots
under my skirt.

How do I tell you that your body
is a hard horizon
sunken in my pupils
sowed deep in my waist
in my fingers, in my mouth.

How do I explain I awaken
curled up on any beach
like a dream that slowly
drips down your back.

How do I delve into the white melody
of your voice, the stroke of your voice:

jumble of light where we shine,
you and I.

EL SEXO DE LAS PLANTAS

He deseado
hace un instante
r o m p e r m e
debajo de una lluvia fría.

He querido
sobre la tierra húmeda
derramarme, rodearme
de flores.

Cerrar los ojos, abrir la boca
mientras el cielo se vacía
sobre mi cabeza enamorada
sobre mi pecho abierto
sobre mi vientre
en crecida.

He tratado de imitar
el sexo de las plantas
de hacer el amor
al compás del cactus
de abrirme toda al sol
de hincharme de viento
de beber todo el rocío.

He querido, esta noche
clavarme a un árbol y sentir
el beso de un pájaro
la angustia de la raíz inmóvil
galopante de un sueño
subterráneo.

THE SEX OF PLANTS

I wished
a moment ago
to tear myself apart
under a cold rain.

I've wanted
to lie on the wet earth,
spilled and surrounded
by flowers.

To close my eyes and open my mouth
as the sky empties itself
over my enraptured head
over my open breast
over my swelling
womb.

I've tried to imitate
the sex of plants
to make love
to the rhythm of the cactus
to give all of myself to the sun
to burst with wind
to drink all the dew.

I've wanted, tonight
to pin myself to a tree and feel
the kiss of a bird
the anguish of a fixed root
galloping in an underground
dream.

LA TRANSPARENCIA DEL ÁRBOL

Me preguntas
saciado de monte
y de relámpago:

A qué sabe
la piel del tronco
la seda de la rosa
qué padece
la hoja desprendida
con qué sueña
el rocío que beben
las abejas.

Duele
la semejanza de la piedra
y tu semblante.

   ·   ·   ·   ·

La transparencia del árbol
juega con tu ausencia
en los jardines de la casa.

THE SHEERNESS OF THE TREE

You ask me
sated with mountain
and lightning:

What does it taste like,
the flesh of the tree trunk
the silk of the rose
what does it suffer from,
the fallen leaf
what does it dream of,
the dew
bees drink from.

It hurts
how much the rock resembles
your countenance.

.   .   .   .

The sheerness of the tree
toys with your absence
in the gardens of the house.

DOBLARME LA RAÍZ

Camino de puntas
sobre mi jardín
para sentir apenas
el roce de la tierra;
me insinúo
entre capullos o espinas.

A veces una idea
atraviesa el pétalo amarillo
de esta rosa. Entonces
el aire se humedece
y la idea
desprendida para siempre
de su rama
se posa como un charco
quieto en la mirada.

Porque surges y suplantas
a la idea, y apareces
a esta hora
en la corteza de algún árbol
o en el cansancio inmaculado
de este lirio que no sabe
de quebrantos.

Entiende lo que digo:
bajo hasta el jardín
para pensar en ti.

Después, lo de siempre:
untarme el verde, palidecer
sobre el marrón, doblarme la raíz
y segregar . . . la fina apariencia
de tu forma.

BENDING MY ROOT

I walk on my toes
across the garden
to feel ever so slightly
the brush of the earth;
I worm my way
into the buds and thorns.

Sometimes an idea
crosses this rose's
yellow petal. Then
the air gets moist
and the idea
detaches forever
from its branch
to land on the gaze
still as a puddle.

Because you emerge and supplant
the idea and appear
at this hour
in the bark of some tree
or in the pure weariness
of this lily that knows nothing
about sorrow.

Understand what I'm saying:
I go to the garden
to think about you.

Afterward, the same as usual:
I smear the green, I turn pale
above the brown, I bend my root
and secrete . . . the fine appearance
of your figure.

SOBREANIMAL

Hicimos el amor
el animal y yo.
La herida de su boca
en la herida intacta
de mi boca.

En medio del acto
un ángel descendió.

El pájaro nocturno no cantó.
Adentro, algo se movió.

El animal me miró
desde su olimpo de piedra
desde la selva oscura
que tiembla en sus ojos
me miró:

la noche en mí tembló.

No sé quién es, de dónde viene.
Trae en la boca una flor triste
una canción subterránea y sencilla
como rasguño de agua.

El animal y yo
fuimos dos y fuimos tres
fuimos cuatro, fuimos cinco
¿fuimos seis?
Fuimos nunca
Uno
en la montaña y en el mar
debajo de un extraño
sol lunar.

La lluvia mojaba
su lomo desnudo
cabalgando sobre el viento
íbamos los dos, íbamos
los tres, íbamos los cuatro
íbamos los cinco, íbamos
los seis.

Animal
sobre animal
s o b r e a n i m a l .

El mar me llenó
el vientre de sal.

OVERANIMAL

We made love
the animal and me.
The wound in his mouth
on the intact wound
of my mouth.

In the middle of the act
an angel descended.

The nocturnal bird did not sing.
Inside, something shifted.

The animal looked at me
from his stone Olympus
from the dark forest
that shakes in his eyes
he looked at me:

the night in me trembled.

I don't know who he is, where he comes from.
He carries a sad flower in his mouth
and a simple, subterranean song
like a scratch of water.

The animal and I
were two and were three
were four, were five
were six?
We were never
One
on the mountain and on the sea
under a strange
lunar sun.

The rain soaked
his bare back
riding on the wind
the two of us, the three
the four
the five, the
six.

Animal
over animal
o v e r a n i m a l .

The sea filled me
with salt.

DOLOR DE LAGO

Hoy fuimos al lago.
El lago apretado debajo de un sol frío.
El lago, como un gigante muerto.
Arriba, el canto de un pájaro
que nunca pudimos ver.
La tarde que palpita, la tarde
cuando se acurruca. Arremolinada
sobre un fondo de metal.

Temblor de nubes y pájaros invisibles.

Me duelen los lagos. Mirarlos,
retenerlos duros en mis pupilas,
romperlos con la punta de mis dedos,
como quien descorre un velo y ve nacer
un pliegue húmedo, una arruga de viento.
Vientre de cristal.

A esta hora mis ojos recogen el dolor,
la ancha claridad. Me pregunto
cómo será el lago de noche.
Cómo será la tristeza del lago
por la noche. Animal solo y roto.
Sin reflejo, sin nube,
sin Dios.

El horizonte no existe en el lago.
El lago es el límite del lago.
Hay, en el lago, un silencio tan frondoso.
Escultura que se calla. Dolor de lago.

Miro su cuerpo doblado
buscando piedras planas
buenas para rebotar

en la superficie del mar.

Rebotar, hundir.
Tus dedos en mi cuerpo
o en el lago.

El pájaro no deja de decir sus cosas.
El grito del pájaro no quiebra el silencio.
Su grito adorna el paisaje con un nuevo
desgarramiento.

Estoy en casa. Es de noche. Pienso en el lago.
El lago dentro de la noche. Cierro los ojos. El lago
dentro de los ojos. De dónde
este dolor de lago. Esta pesadilla de lago.

Acostada, como un cuerpo de agua.
Sola. Sin testigos, sin árboles.
Sin cielo, sin Dios. Sin pájaro
visible o invisible.

Hoy fuimos al lago.
Fuimos para detenernos
frente a una tristeza
que a veces se nos pierde.
Una tristeza animal
que siempre hay que buscar
en el fondo de algún lago.

LAKE PAIN

Today we went to the lake.
The lake squashed under a cold sun.
The lake, like a dead giant.
In the sky, the song of a bird
that we couldn't see.
The afternoon that throbs, the afternoon
when it curls up. A whirlpool
over depths of metal.

Quiver of clouds and invisible birds.

Lakes hurt me. To look at them,
to press them hard into my pupils,
and to break them with my fingertips,
like one who draws back a veil and sees
a wet crease, a wrinkle in the wind, be born.
Crystal womb.

At this hour my eyes gather all the pain,
the wide light. I wonder
what the lake's like at night.
What the lake's sadness might be like
at night. Lonely, broken creature.
Without a reflection, without a cloud,
without God.

The lake has no horizon.
The lake is the lake's limit.
There is, on the lake, a thick silence.
Sculpture that grows quiet. Lake pain.

I look at its bent body
searching for smooth pebbles
good for bouncing

on the sea's surface.

To jump, to sink.
Your fingers into my body
or into the lake.

The bird keeps saying its things.
The bird's shriek doesn't shatter the silence.
Its shriek adorns the landscape with a new
slit.

I'm at home. It's night. I think of the lake.
The lake inside of the night. I close my eyes. The lake
inside the eyes. Where is this lake pain from.
This lake nightmare.

I lie down, like a body of water.
Alone. Without witnesses, without trees.
Without a sky, without God. Without a visible
or invisible bird.

Today we went to the lake.
We went to stop
in front of a sadness
that sometimes evades us.
A wild sadness
we always have to look for
at the bottom of some lake.

DE LAS ESTATUAS

Deseo ser estatua.
Y que se enamoren de mí.
Que escriban versos de cómo
mis formas atraviesan
el dolor del tiempo. De cómo
el sudor de la noche se acuesta
en mis hombros. De cómo
me lleno de una oscura porosidad,
de ojos cerrados, de brisa mojada
del llanto de una estrella, de cielo, de risa,
de mar.

ON STATUES

I wish I were a statue.
And that people fell in love with me.
That verses were written about how
my contours transcend
the pain of time. About how
the sweat of the night rests
on my shoulders. About how
I'm made of such a dark porosity,
closed eyes, a wet breeze,
the crying of a star, of sky, of laughter,
of the sea.

XERÓFITAS

Se llaman xerófitas.
Plantas que no he de matar.
Flores que han perfeccionado su estar
en donde la aridez fluye como manantial.
Echan raíces largas para aplacar la sed,
raíces tentáculos que llegan a tocar
lo invisible abismal.

Para humedecerse no les hace falta
ser penetradas por el agua; les basta
sentir el rocío cerca de la piel, cerrar los ojos,
soñar.

Plantas que no he de matar,
empeñadas en desafiar el hambre,
los animales y la inmensa soledad.
Vida que brota de una rama rota,
de una piedra o de algún deseo
mineral.

Dicen que en el desierto llueve,
pero que las gotas se evaporan
antes de aterrizar.
Como un abrazo en suspenso,
la vida ocurre en ese eterno esperar.

Con el tiempo, sus hojas se han vuelto espinas.

Deshojadas y dotadas de tanta levedad
las rosas del desierto brillan
para que tú puedas llorar; con esa piel de cera
diseñada para sellar la humedad, entran
en la retina y la queman para la posteridad.

No hay ninguna lección aquí, pero hay
xerófitas en mi casa intentándome descifrar.
Entre sus espinas y mis hojas se ha entablado
cierta amistad.

Y no sé si podré detener mi mutación gradual
hacia el imperativo irremediable que nos rige
a todas por igual. Sus voces vibran y resbalan
por las paredes de mi hogar.

Benditas plantas, me piden
que florezca ya.

XEROPHYTES

They're called xerophytes.
Plants I won't kill.
Flowers that have perfected their being
where dryness flows like a spring.
They grow long roots to soothe their thirst,
tentacle roots that manage to reach
the invisible abyss.

To moisten themselves they don't need
to be penetrated by water; they just need
to feel the dew close to their skin, to close their eyes,
to dream.

Plants I won't kill,
bent on defying hunger,
the animals, and the great solitude.
Life that sprouts from a broken branch,
from a rock, or from some mineral instinct.

They say it rains in the desert,
but that droplets evaporate
before landing.
Like a suspended embrace,
life passes by in that eternal waiting.

As time went on, their leaves became thorns.

Rid of leaves and endowed with so much lightness
the roses of the desert shine
so that you can cry; with that wax skin
made to seal in moisture, they enter
the retina and burn there for posterity.

There's no lesson here, but there are
xerophytes in my house trying to figure me out.
Between their thorns and my leaves, a kind of
friendship's been forged.

And perhaps I won't be able to stop my gradual mutation
toward the inevitable imperative that rules us
all equally. Their voices vibrate and slip
through the walls of my house.

Blessed plants, they tell me that the time to bloom
is now.

SUEÑO CON MI ABUELA

Sueño con mi abuela.
La veo, puntual, en medio del pasillo
llamándome para que la acompañe a ver las rosas.
Soy un palito con ojos grandes.
Una niña que se emociona cuando es hora de ver rosas.
Ahora soy una mujer que se detiene ante todo lo que parezca
principio de rosa. Las veo bajo el ojo de mi abuela.
Sus risos blancos cayendo sobre su rostro
encendido de flores.
Tiene que pasar mucho tiempo
para darme cuenta de las dimensiones de este rito.
Todo empieza con la silueta delicada de mi abuela
en medio del pasillo. Todo empieza con su voz de rosa,
todo empieza con esos capullos a punto de abrir.

Todo empieza siempre
cada vez que me veo
detenida delante de una rosa
con los ojos llenos de lágrimas y espinas
queriendo ser la única rosa
en el jardín de una abuela.

I DREAM OF MY GRANDMOTHER

I dream of my grandmother.
I see her in the middle of the hallway
promptly calling me to come with her to see the roses.
I'm a little stick with big eyes.
A girl who gets excited when it's time to see the roses.
Now I'm a woman who stops before anything resembling
the beginning of a rose. I see them under my grandmother's eyes.
Her white curls falling on her face
lit up by flowers.
A lot of time must pass
for me to realize what goes into this rite.
It all starts with my grandmother's gentle silhouette
in the middle of the hallway. It all starts with her rose voice,
it all starts with those buds on the cusp of opening.

It all always starts
every time I see myself
standing still before a rose
with eyes full of tears and thorns
wanting to be the only rose
in a grandmother's garden.

NIÑA

Mi madre sonríe de rodillas.
El vestido de volantes no logra eclipsar
la pobreza de la tierra, su vacío
crepuscular.
Detrás están la casa y la inmensa soledad
de un campo que fue verde y que hoy es sepia.

El dolor busca deshacerse del color.

Pienso en el padre que tomó la foto
muerto al mediodía algún tiempo después.
Tu padre que siempre recuerdas alto
flaco y callado, con aquellos improbables
ojos azules cerrados para siempre
antes de llegar a los cuarenta
con un fondo verde y con lo amarillo
que trasciende.

Mi madre sonríe con el sol en la cara.
En sus brazos sostiene un gato
tan flaco como ella.

Yo busco mis señas en sus señas.

No te conozco, niña, y es extraño
no saber de ti.

LITTLE GIRL

My mother smiles on her knees.
Her flounced dress can't eclipse
the scarcity of the earth, its twilight
abyss.
Behind her are the house and the immense solitude
of a field that was once green and is now sepia.

Pain seeks to rid itself of color.

I think of the father who took the picture
dead at midday sometime after.
Your father, whom you always remember tall,
scrawny, and quiet, with those impossible
blue eyes closed forever
before reaching his forties
with a green background and the yellow
that transcends.

My mother smiles with the sun in her face.
In her arms she holds a cat
as skinny as her.

I look for my gestures in her gestures.

I don't recognize you, little girl, and it's strange
not to know about you.

SU SONRISA ES UN IMÁN

Hay una foto de mi padre vestido en uniforme.
Rodeado de blanco, su cuerpo rígido conjura
lo invisible que se mete en los huesos.

Su sonrisa es un imán. En cualquier momento
se derrite la nieve y la guerra se termina.

Su sonrisa es un imán. Quiero sostenerlo
en mis manos para siempre. Quiero
quemarme las manos con su foto.

Después de la guerra mi padre se dejó el bigote
y todo se le complicó.
Huérfano desde los cinco, mi padre siempre supo
ser el centro de atención, posar para el lente,
modular muy bien la voz . . . ser la víctima inocente
de un don devastador.

Su sonrisa es un imán.

En la escuela las maestras preguntaban por él.

Las maestras, jóvenes y risueñas,
nos buscaban a mí o a mi hermana
para confirmar (una vez más) que mi padre
ya no era el esposo de mi madre,
que dormía y comía en otra casa, y que sí,
que era posible que el viernes fuera él
y no mi abuela quien viniera a buscarnos
a la escuela.

Las maestras se reían después de sus preguntas.
Nosotras las mirábamos, entre la vergüenza
y la compasión.

Era como si quisieran cuidar a mi papá.

A mi hermana y a mí siempre nos pareció muy extraño
aquel inusitado instinto maternal.

HIS SMILE IS A MAGNET

There's a picture of my father dressed in uniform.
Surrounded by white, his rigid body conjures
the invisible thing that gets into bones.

His smile is a magnet. Any time now
the snow will melt, and the war will end.

His smile is a magnet. I want to hold
him in my hands forever. I want
to burn my hands with his picture.

After the war my father grew out his mustache
and everything went astray.
Orphaned since he was five, my father always knew
how to be the center of attention, pose for the camera,
modulate his voice well . . . be the innocent victim
of a devastating gift.

His smile is a magnet.

At school, the teachers would ask about him.

The young, smiling teachers
would look for me or my sister
to confirm (once more) that my father
wasn't the husband of my mother anymore,
that he slept and ate in another home, and that
it was indeed possible that next Friday he
and not my grandmother would come pick us up
at school.

The teachers would laugh after asking their questions.
We would look at them with a mix of embarrassment
and compassion.

It was as though they wanted to look after my dad.

My sister and I always found that unusual motherly instinct
strange.

UN PUNTO EN EL MAPA

Existe una isla (como todas)
supurante de colores, agobiada
de verdor, festiva y dolorosa.
Flor que en el recuerdo devino espina.

Un punto en el mapa.
Se lo digo a mi hijo
sentado en mi falda
que ese punto es la isla.

Porque existen en la sala
de una casa muy remota
el atlas y el hijo
removido para siempre
de mi mapa, de ese punto
que crece en la distancia.

[. . . . .]

Existe una isla
rodeada de cosas sencillas
que te pueden romper el alma,
por ejemplo . . .

Aquí están las niñas debajo de la arena
sus pechos tristes y tiesos
la sangre colocada tiernamente
debajo de la espuma.
Existe el niño
que con ojos rotos toma vuelo
desde el vientre ya vencido.
Existe el trono o la tumba
en donde se ha de colocar
al niño.

Existo yo, como un temblor de tierra
sin necesidad de suelo.
Existen: el vuelo y los aplausos que me invento
cada vez que llego, existe
la verdad de un poeta
cuando escribe,
"Aterrizar no es regreso".

Existen: el aire, el olor a mar,
el sabor del mar, su dolor exacto
cuando me traga entera, cuando
me dejo despreciar por esa ola
que revienta contra mi pecho
para devolverme, sin querer,
mi porción de azul . . .

La sensación de azul que me dejó.

A DOT ON THE MAP

There is an island (like all others)
festering with colors, overwhelmed
by green, festive, and aching.
A flower that in memory became a thorn.

A dot on the map.

I tell my son
who's sitting on my lap
that that dot is the island.

Because in the living room
of a very remote house
there exist the atlas and the son
removed forever
from my map, from that point
that grows in the distance.

[. . . . .]

There is an island
surrounded by simple things
that can break your soul,
for example . . .

Here are the girls below the sand
their sad, still chests
the blood gently placed
below the foam.
There is the boy
that with broken eyes takes flight
from the already vanquished womb.
There is the throne or the tomb
in which the boy

is to be placed.

There is me, like a groundless
earthquake.
There is: the flight and the applause I conjure
every time I arrive, there is
the truth of a poet
when he writes,
"To land is not to return."

There is: the air, the smell of sea,
the taste of sea, its pain just
as it swallows me whole, when
I let myself be spurned by the wave
that crashes against my chest
to hand me back, not willingly,
my share of blue . . .

The feeling of blue that left me.

FICCIÓN DE VENADO

Fue
casi
como ver a un venado
saliendo del agua
y querer tener sed.
Fue
como decir
eso último
arrastrado por el mar.
Absurda ofrenda.

Fue
como un venado
nadando por los siglos
de los siglos
en secreto y como en fuga
corroborando cuentos chinos
de niños isleños
melancólicos siempre
ante todo lo que traiga
la marea.

Fue verlo salir
y saber que era
mentira.
Pues los cuentos
siguen siendo cuentos.
Y los ojos mienten.
Y las cámaras mienten.
Y las voces
atravesadas por el viento
seguramente
mienten.

Porque los venados
no existen.
No así.
No en una isla.
No nadando en playas.
No mojando el viento
con sus patitas frágiles,
temblorosas.
No, no así.
No con esos ojos grandes.
No con toda esa tristeza marrón.
Arena mojada.

Visiones, yo lo sé.
Yo lo digo porque sé:
que no hubo nunca
un venado mojado,
inquieto y como desnudo
saliendo de ninguna
playa.

DEER FICTION

It was
almost
like seeing a deer
coming out of the water
and longing for thirst.
It was
how can I say
like the remnants
of what the ocean swept up.
An absurd offering.

It was
like a deer
swimming forever
and ever
in secret, as if on the run
confirming the tall tales
of island children
always nostalgic
before everything
the tide brings.

It was seeing the deer
emerge and knowing
it was a lie.
For stories
are just stories.
And one's eyes lie.
And cameras lie.
And voices
caught in the wind
most definitely
lie.

Because deer
don't exist.
Not like this.
Not on an island.
Not swimming in oceans.
Not soaking the wind
with their frail, trembling
little legs.
No, not like this.
Not with those big eyes.
Not with all that brown sadness.
Wet sand.

Hallucinations, I know.
I say this because I know:
that there never was
a wet deer,
restless and bare
emerging from any
ocean.

UNA ISLA

I

Una isla. Una muchacha que no pesa nada.
Una isla. Mapas tragando agua.
El horizonte y sus trampas.
Dos niños resbalando: el infierno y sus
chorreras.

Geografía de lo que se ahoga.

Que pronta la ruina. Antes de haber llegado.
Sabiendo sin. La ceniza y el desorden.
Abriendo los caminos. Paso. Palma y silencio.
La noche es sólo un ojo que se cierra. Lo ciego,
buscándonos.
Adentro llueve. Adentro
soles mojados nacen.

La isla y sus ojos de piedra: rumia el peso de tu sombra.

Una isla. Árboles de espalda. Porque nunca
nada nos miró de frente. Una isla aplastada por la risa,
rayo amarillo trepando frentes. Y la ira que no llega.
La ira, tan de antaño. Tan como dormida en tu regazo.
Bebés rotos caen perseguidos por bolas de fuego.

Una isla. Que nadie lo repita. Una isla.

II

Ruega el pulso su temblor.
Ruega la voz
por un pliegue de tu eco.
Ruega lo triste por un segundo
de lluvia.

Tanto desierto, a gota.

La isla se aquieta.
Pero esa niña que se repite
asomada en la ventana
como una llamita
o como una angustia
brillante y cansada
se aleja para siempre
de la esquina
y de tu casa.

"Te guardo rencor."

III

Llega la noche y se cierra sobre tu cabeza. Y cuando digo
"cabeza", me conmuevo.
Estrepita la sordera de mis piernas. Algo se me quiebra.
Y es que, a esta hora, por razones seguramente absurdas,
escribo la palabra "cabeza" y me agarra la sed, y siento,
de pronto, la profunda necesidad de arropar a alguien.
Porque decir "cabeza" otra vez será como decapitar la noche
que ahora me recibe.

Naturalmente, algo rodará.

AN ISLAND

I

An island. A weightless girl.
An island. Maps swallowing water.
The horizon and its mirages.
Two children slipping: hell and
its slides.

Geography of that which drowns.

Ruin is quick to come. Before having arrived.
Knowing without. Ash and chaos.
Opening paths. Crossing. Palm trees and silence.
The night is just an eye that closes. Blindness
looking for us.
Inside, it rains. Inside,
wet suns are born.

The island and its stone eyes: the weight of your shadow ruminating.

An island. Trees giving us their backs. For nothing
ever looked straight at us. An island crushed by laughter,
yellow beam scaling foreheads. And the wrath that's yet to come.
Wrath, so of yore. As if asleep in your arms.
Broken babies fall, chased by spheres of fire.

An island. Let no one repeat it. An island.

II

The pulse begs for its tremor.
The voice begs
for a crease of your echo.
Sadness begs for a second
of rain.

So much desert, it's draining.

The island's at ease now.
But that girl who reappears
peering through the window
like a little flame
or like anguish
brilliant and weary
departs forever
from that corner
and from your house.

"I resent you."

III

Night comes and closes in on your head. And the word
"head" moves me as I say it.
Amid the silence, my legs act up. Something in me collapses.
Because at this hour, for reasons I know to be absurd,
I write down the word "head," and thirst takes hold of me,
and I suddenly feel the deep urge to tuck someone in.
Because to say "head" again would be like decapitating the night
that now welcomes me.

Naturally, something's bound to roll.

QUE TIEMBLO YO

Tengo en mis dos manos temblorosas
tu retrato, la devoción de la mañana
metida en la boca de algún pájaro
la minuciosidad de los insectos más efímeros

también tengo

la enfermedad de algunos árboles
cosido al recuerdo de una niña
cantando en mi vientre.

Lejano como un sueño
tu rostro verde azul.

Me aterro
ante ciertos milagros.

Hoy he entendido
que no tiembla el universo
sino Yo.

Que tiemblo Yo.

Al otro lado del mar
la voz de mi madre
inscrita para siempre en el pasado
repite que

"No es sabio
ignorar la forma
que el dolor
te entrega".

THAT I TREMBLE

I have in my two trembling hands
your portrait, the morning's devotion
stuffed in the mouth of some bird
the meticulousness of the most fleeting insects

I also have

the sickness of some trees
stitched to the memory of a girl
singing in my womb.

As distant as a dream,
your blue-green face.

I'm terrified of certain
miracles.

Today I've learned
it's not the universe that trembles
but I.

That I tremble.

On the other side of the sea
the voice of my mother
engraved forever in the past
repeatedly says,

"It's not wise
to ignore the shape
pain bestows
upon you."

CRUEL

Me deslicé por el día
agitada, levanté la voz
frente a las flores . . .

las hice llorar.

Esta vez, no me importó.
Salí y me dio el sol.
Ilesa, me detuve y reí
con una risa vegetal
con un alma vegetal.
Germinó todo el dolor.

Reí un poco más.
Creo que también llovió.

Pero esta vez, no me importó.

CRUEL

I slipped through the day
restless, I raised my voice
before the flowers . . .

I made them cry.

This time, I didn't care.
I went outside and felt the sun.
Unscathed, I stopped and laughed
with a vegetable laugh
with a vegetable soul.
Pain germinated everywhere.

I laughed some more.
I think it also rained.

But this time, I didn't care.

CENSURA

Sólo pido
que no me censure la luna
que no me bloqueen las estrellas
que no me cancele la ola
que me invita y me empuja.

Que no me desaprueben
las piedras que piso o que ignoro cuando paso
que no me borre la montaña
el cactus doloroso, su fiebre.

Sólo pido
que el halcón que a veces me visita
no me niegue.

CENSORSHIP

I only ask
for the moon not to censor me
for the stars not to block me
for the wave, as it pushes me
and invites me in, not to cancel me.

I only ask
for the rocks I step on or ignore
when I walk past not to disapprove of me.
For the mountain, the aching cactus, and its fever
not to erase me.

I only ask
for the hawk that sometimes visits me
not to unfriend me.

RAMAS ROTAS

Sustraer
del árbol su dolor.

Colocar su verde
en esta herida
abierta.

Cortarme cada flor,
derramar la voz.

Sentarme a llorar
como un idiota
frente a las ramas
rotas.

Del árbol caído brotarán
inverosímiles hojas.

BROKEN BRANCHES

To extract
the pain from the tree.

To place its green
on this open wound.

To cut my every flower,
to spill my voice.

To sit down and cry
like an idiot
in front of the broken
branches.

From the fallen tree
unexpected leaves
will sprout.

PROYECTO INACABADO DE LA RUINA

Qué ganas de cansarme. Qué ganas de acostar los soles.
Y de escupir pedacitos de viento.
Qué ganas de tormenta. Qué ganas tengo de tener sed.
Y de que nadie me dé agua.
Qué ganas de beber como si hubiera llovido el tiempo.
Y ya nada apaciguara nada. De nada.

Qué ganas de perder. Qué ganas de que la sombra se llene de cuerpos.
Y de que los cuerpos duerman sobre otras sombras.
Qué ganas de decirte una cosa. En voz muy baja.
Qué ganas tengo de que no escuches lo que digo.

Qué bello cuando mi murmullo se pierde y no hay nadie
y no hay nada, y no hay, punto, no hay
un haber de la palabra.

Qué tierno lo que no llega, lo que no se cumple, lo que
no se pudo. Qué delicado este proyecto inacabado de la ruina.

Afrenta. Un desierto.
La fiebre siempre es amarilla.
A veces, ya nunca me da sed.

Qué miedo no sentir más miedo.

UNFINISHED PROJECT OF RUINS

How I wish to exhaust myself. How I wish to lay the suns to rest.
And to spit out little chunks of wind.
How I wish for a storm. How badly I want to be thirsty.
And to not have anyone to give me water.
How I wish to drink as if time had rained.
And nothing quenched anything. At all.

I badly want to lose. I badly want the shadow to fill up with bodies.
And for the bodies to sleep atop other shadows.
I badly want to tell you one thing.
In a very low voice. I badly want you
to not hear what I say.

It's so beautiful when my murmur gets lost and there's no one,
and there isn't anything, there isn't, period, there isn't
such a thing as words.

It's so sweet, what doesn't arrive, what doesn't pan out,
what doesn't happen. It's so gentle, this unfinished project of ruins.

An affront. A desert.
Fever is always yellow.
Sometimes, I never get thirsty.

How scary to no longer feel scared.

BEBÍ DE TU FUENTE

Bebí de tu fuente
y me llené de paisaje.

Dentro de mi pecho
una mancha absurda
frondosa como bosque
surge.

Mi desnudez
en la copa de los árboles
mi desnudez
frente a la idea de tu boca.

Atrás, todo desmerece.
Los colores se hastían
de tanta certeza
se acuestan agotados
en la superficie
de una fina lluvia:
fiebre reposada
gélida ceniza . . .

Pero en medio del poema
entra la tormenta
desde el teléfono anunciada.

Aquí, cada cosa tiembla.

Me llevo las manos a la boca
en un gesto inútil mi hermana
traduce cada gota de lluvia
mientras le extrae el viento
a mis frases de congoja.

Con destreza de sobrevivientes
cerramos los ojos para ver
las casitas sacudidas
sus techos hipotéticos
masacrados por la lluvia
y las estrellas.

A veces, dice mi hermana,
el cielo parece diamante molido.
A veces, dice el poema,
la lluvia huele a muerte.
Y las estrellas
se deslizan sin dolor
con un gesto inocente
que nos duele
por esa sábana mojada
que se preña
de estrellas y de luto.

Detrás de su voz
que yo describiría
como terracota —anotación
que hago ya muy fuera
del poema . . .
detrás de su voz
a esta incierta hora
en este nuevo día
de desastre renovado
de alegría suspendida
de llamadas incesantes
para saber quién vive
o quién muere

      el parloteo de las niñas
      el sonido de unos trastes
      la canción sin letra de mi madre
      el aullido de una gata en celo

me ubican suavemente
en un fondo irrevocable.

Eso que se narra sin narrarse
me estremece, concluye la poeta.

Mi hermana se despide.

El poema a medias
se asume como fondo.
Echados al olvido quedan
los versos que no fueron:

Bebí de tu fuente
y me llené de paisaje.
Dentro de mi pecho
una mancha absurda
frondosa como bosque
surge.

Tu desnudez
en la copa de los árboles
tu desnudez
frente a la idea de mi boca.

Animal emancipado,
el bosque se parece a ti.

I DRANK FROM YOUR FOUNTAIN

I drank from your fountain
and got drunk with beauty.

Inside my chest
an absurd stain
lush as a forest
appears.

My nakedness
in the crowns of trees
my nakedness
before the idea of your mouth.

Everything behind pales.
Colors get fed up
with so much certainty
they lie exhausted
on the surface
of a fine rain:
quiet fever
icy mildew . . .

But in the middle of the poem
a phone call brings the storm.

Here, everything trembles.

I cover my mouth with my hands
in a useless gesture my sister
translates every drop of rain
while extracting the wind
from my cries of anguish.

With survivalist skills
we close our eyes to see
the rattled homes
their hypothetical roofs
destroyed by the rain
and the stars.

Sometimes, my sister says,
the sky resembles a crushed diamond.
Sometimes, the poem says,
the rain smells like death.
And the stars
slip by without pain
with an innocent expression
that hurts us
because of that wet sheet
that gets soaked with
stars and mourning.

Behind her voice
which I'd describe
as terracotta—an observation
that goes way beyond
the poem . . .

behind her voice
at this uncertain hour
on this new day
of renewed disaster
of suspended joy
of incessant calls
to inquire who lives
or who dies

the chitchat of the girls
the sound of dishes
the wordless song of my mother
the howling of a cat in heat

place me softly
in an irrevocable background.

That which is narrated without narration
unnerves me, the poet concludes.

My sister says goodbye.

The half-finished poem
assumes its place in the background.
Tossed into oblivion
are the verses that never were:

I drank from your fountain
and got drunk with beauty.
Inside my chest
an absurd stain
lush as a forest
appears.

Your nakedness
in the crowns of trees
your nakedness
before the idea of my mouth.

Freed animal,
the forest looks like you.

ACKNOWLEDGMENTS

FIRST, I want to thank my mom and dad for providing me with a childhood full of poetry. This book is for them. I also want to thank my husband, Eric, for helping me fall in love with English, for doing the first translations of my poems, for his love, support, and insightful comments. Lastly, I want to express my gratitude to Alejandra, my translator, for finding me, for accepting to embark with me on this adventure.

Several poems in the present volume have been published previously in Spanish.

POEMS IN POETRY BOOKS

In *Simultánea, la marea* (Editorial Casa Vacía, 2022): "Ojo en celo," "La marea," "Orden," "Para que no la vean," "Espantar unos pájaros," "Púrpura," "Animal sencillo," "Cenizas," "Llueve," "Antes del viento," "El sexo de las plantas," "La transparencia del árbo," "Doblarme la raíz," "Xerófitas," "Niña," "Su sonrisa es un imán," "Un punto en el mapa," "Que tiemblo yo," "Ramas rotas," "Bebí de tu fuente." Thank you, Pablo de Cuba Soria, my editor, for welcoming me into your Casa Vacía.

In *Una muchacha que se parece a mí* (Instituto de Cultura Puertorriqueña, 2016): "La contorcionista," "Una muchacha que se parece a mí," "Un suceso," "Poema para el fin del mundo," "Mi padre dice," "Naturaleza muerta," "Como una niña," "Vístete que . . . ," "Walmart," "Un efecto de mar," "Domingo," "Dolor de lago," "Sueño con mi abuela." This book won the Instituto de Cultura Puertorriqueña Poetry Award in 2015. Thank you to the judges, Elidio La Torre Lagares, Irizelma Robles, and Alberto Prieto, for choosing my book.

In *Ficción de venado* (La Secta de los Perros, 2012): "Bosquejo del llover," "Por las ramas," "Vístete que . . . ," "Ficción de venado," "Una isla," "Proyecto inacabado de la ruina." Thank you, Rafael Acevedo, for publishing my first book. It was a game-changer!

POEMS IN POETRY ANTHOLOGIES

In *Isla escrita: antología de poesía de Cuba, Puerto Rico y República Dominicana* (Amargord Ediciones América, 2018): "La contorsionista," "Vístete que . . . ," "Ficción de venado," "Una isla."

In *Los prosaicos dioses de hoy: poetas puertorriqueños de lo que va de siglo* (La Secta de los Perros, 2014): "Ficción de venado," "Una isla."

In *Hijas de diablo hijas de santo: muestra de poetas hispanas* (Niñobúho Cartonera, 2014): "Por las ramas."

POEMS IN PRINT JOURNALS

In *Chiricú Journal* (2019, 2021): "Antes del viento," "El sexo de las plantas," "Ramas rotas," "Bebí de tu fuente."

ABOUT THE AUTHOR AND THE TRANSLATOR

MARGARITA PINTADO BURGOS, born in 1981 in Puerto Rico, holds a PhD in Spanish from Emory University. The author of *Ficción de venado* (2012), *Una muchacha que se parece a mí* (2016), for which she received the Instituto de Cultura Puertorriqueña Poetry Award, and *Simultánea, la marea* (2022), Pintado is also a Letras Boricuas Fellow (Mellon Foundation, 2022) and a full professor of language and literature at Point Loma Nazarene University in San Diego, California. She codirects the poetry website *Distrópika*.

Born in San Juan, Puerto Rico, on February 29, 2000, ALEJANDRA QUINTANA AROCHO is a writer and literary translator. She holds a BA in comparative literature and society from Columbia University and will go on to pursue a master's of studies in comparative literature and critical translation at the University of Oxford as a Clarendon scholar and a PhD in Latin American and Iberian cultures at Columbia University. She has interned at *The Paris Review*, and her publications include, as cotranslator, a centennial bilingual edition of Gabriela Mistral's first book of poems, *Desolación* (Sundial House, 2023).